W0392717

Georg Piltz

Constantin Beyer

Backsteingotik

zwischen Lübeck und Wolgast

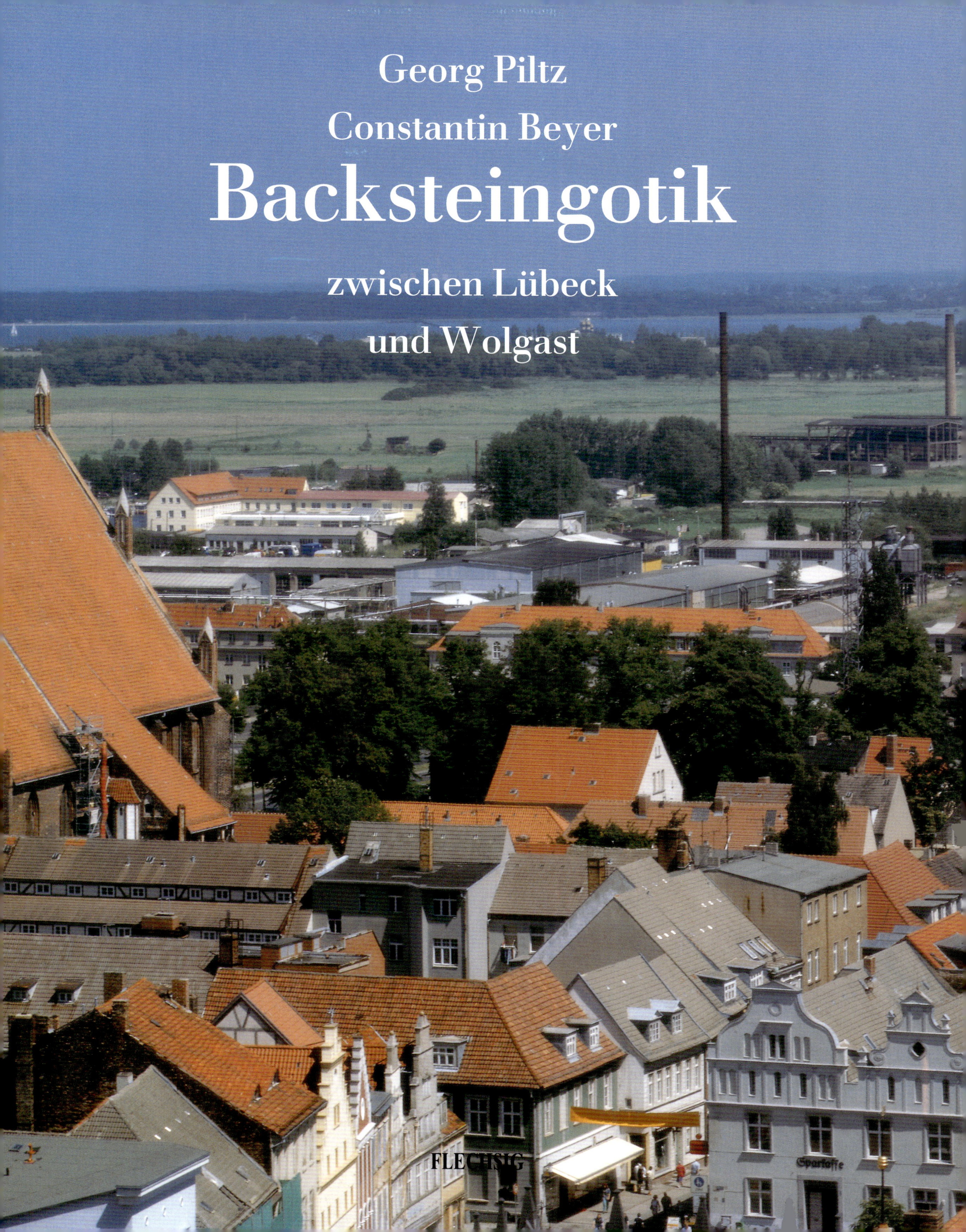

FLECHSIG

Titelseite:
Großes Bild: Rathaus in Stralsund
Kleine Bilder von oben nach unten:
– Dorfkirche in Hohen Viecheln
– Katharinenkloster in Stralsund
– Barocker Vorbau des Rathauses in Rostock
– Das Neue Tor in Neubrandenburg

Rücktitel:
– Stargarder Tor in Neubrandenburg

Seite 1: Hohen Viecheln, Dorfkirche
Seite 2/3: Greifswald, Marienkirche
Seite 5: Rostock, Marienkirche
Seite 6: Schwerin, Dom
Seite 7: Neubrandenburg, Marienkirche
Seite 8: Greifswald, Klosterruine Eldena

Die beigefügte Karte und die Grundrisse zeichnete Franz Toenniges.

Bildnachweis:
Die Vorlagen für die Abbildungen auf den Seiten 10, 13, 14, 66, 68, 71, 73, 76 und 79 stellte uns freundlicherweise das Bildarchiv Preußischer Kulturbesitz in Berlin zur Verfügung.
Die Bilder auf den Seiten 72 und 85 sind dem Archiv des Verlages entnommen;
das Bild auf Seite 78 stammt von Herrn Claus G. Beyer, Weimar.

Umwelthinweis:
Dieses Buch und der Umschlag wurden auf chlorfrei gebleichtem Papier gedruckt.
Die Einschrumpffolie – zum Schutz vor Verschmutzung – ist aus umweltverträglichem und recyclingfähigem PE-Material.

Alle Rechte vorbehalten
Sonderausgabe für Flechsig Buchvertrieb
© 2003 Verlagshaus Würzburg, GmgH & Co.KG, Würzburg
Gesamtherstellung: AGORA United Graphic Services, b.v, Netherlands

ISBN 3-88189-341-5

INHALT

BÜRGER BAUEN KATHEDRALEN

Als Kaiser Karl IV. im Jahre 1375 Lübeck besuchte, waren die Damen, die ihn begleiteten, empört: Diese Lübeckerinnen erdreisteten sich, modischer gekleidet und reicher geschmückt zu sein als sie, die stolzen Sprosse der ältesten und ehrwürdigsten Geschlechter des Heiligen Römischen Reiches. Dergleichen Aufwand stand lediglich denen von Adel zu, nicht aber den Frauen und Töchtern von Leuten, die ihren Reichtum im Handel mit Heringen, Getreide, Pelzen und Tuchen erworben hatten.

Die Lübecker empfingen Karl IV. mit allem schuldigen Respekt. Sie machten ihm kostbare Geschenke, gaben ihm glanzvolle Feste – und erwarteten als Gegenleistung nur, daß er ihre Kreise nicht störte. Die Stadt und der Städtebund, dessen anerkanntes Haupt sie war, hatten sich aus eigener Kraft emporgearbeitet. Sie verdankten alles sich selbst, nichts den großen Herren, die von Zeit zu Zeit mehr bittend als fordernd an ihre Tore klopften. Sie ehrten den Kaiser, aber sie brauchten ihn nicht.

Ursprünglich waren die Kaufleute, die sich an der Wende vom 12. zum 13. Jahrhundert in den eroberten slawischen Gebieten östlich der Elbe niederließen, den Fürsten hochwillkommen gewesen. Handel brachte Gewinn, und ein nicht unbeträchtlicher Teil des Gewinns floß nach altem Brauch in die Kassen derer, welche die Herrschaft über Grund und Boden beanspruchten. Wie hoch dieser Anteil zu sein hatte, darüber gingen die Meinungen von Anfang an auseinander: Die Bürger wollten möglichst wenig zahlen, die Fürsten möglichst viel einnehmen. Der Konflikt war unausweichlich. Die Städte entschieden ihn zu ihren Gunsten, indem sie sich verbündeten und ihre schärfste Waffe, das Geld, einsetzten.

Der Städtebund, für den sich im 13. Jahrhundert der Name Hanse einbürgerte, erkämpfte sich seine Freiheit, indem er sie erkaufte. Die adligen Herren lebten gewöhnlich über ihre Verhältnisse. Lübeck, Wismar, Rostock und Stralsund waren gern bereit, ihnen aus der Klemme zu helfen. Doch sie gaben nichts umsonst. Nach erprobter Kaufmannsart forderten sie Garantien und Gegenleistungen. Nach und nach gingen Privilegien und Rechte, auf denen die Ansprüche der Fürsten beruhten, durch Kauf, Beleihung oder Verpfändung in den Besitz der Städte über. Geldgeklimper hatte die Widerstrebenden rascher zum Einlenken veranlaßt als Waffengeklirr.

Die gleiche Taktik wendete die Hanse an, als sie im 14. Jahrhundert ihr Handelsimperium aufbaute. Kaufleute halten den Krieg meist nicht für den Vater aller Dinge: Das Risiko ist zu groß, der Ausgang zu unsicher, der Gewinn zweifelhaft. Die Hansestädte verfügten über eine kampfstarke Kriegsflotte, die durchaus in der Lage gewesen wäre, die See von Konkurrenten freizufegen, aber von dieser Waffe machten sie nur im Notfall Gebrauch. Sie zogen es vor, sich zu vergleichen und den Streit aus der Welt zu schaffen, indem sie dem Gegner die Hand füllten. Der Zwischenhandel mit den Produkten des Westens, Ostens und Nordens warf so märchenhafte Gewinne ab, daß es auf ein paar tausend Gulden mehr oder weniger wirklich nicht ankam. König Eduard III. von England forderte für die Bestätigung der hansischen Privilegien die nach damaligen Wertmaßstäben fast unvorstellbar große Summe von 10 000 Pfund Sterling – und nach einigem Hin und Her erhielt er sie.

Als das 14. Jahrhundert zu Ende ging, hatte die Hanse ihr Ziel erreicht: Sie besaß das Zwischenhandelsmonopol in einem Gebiet, das sich von Nordwestrußland bis zum Atlantik erstreckte. Ihre Koggen, hochbordige Handelsschiffe, gebaut für den Transport von Massengütern, pflügten die See zwischen dem Finnischen Meerbusen und dem Ärmelkanal. Sie ankerten in der Themsemündung, in den Fjorden Norwegens und in den Schären vor Stockholm. Wehe dem Holländer oder dem Briten, der das hansische Monopol zu umgehen versuchte, indem er auf eigene Faust nach Osten segelte! Er verlor sein Schiff und manchmal auch sein Leben. Wehe dem Russen, der sich dem Preisdiktat zu widersetzen wagte! Hansische Koggen blockierten seine Häfen und zwangen ihn rasch in die Knie. »Im deutschen Hof hast du, Fürst, nicht anders Handel zu treiben als durch unsere Brüder, und du darfst diesen Hof nicht verschließen und durch keinen Aufseher bewachen lassen«, herrschten die Gesandten der Städte den stolzen Großfürsten von Nowgorod an. Jaroslaw beugte sich und gelobte Besserung.

Lübeck, Marienkirche

Die Stabilität eines solchen Handelssystems hing von dem politischen Geschick derer ab, die aus ihm Nutzen zogen. Andrängende Konkurrenten mußten abgewehrt, mißtrauische Partner davon überzeugt werden, daß die Fortdauer der Beziehungen auch in ihrem Interesse lag. Der hansische Kaufmann spielte die Engländer gegen die Flamen, die Norweger gegen die Schweden, die Russen gegen die Holländer aus und fühlte sich an den Königshöfen ebenso zu Hause wie im heimatlichen Kontor. Seine Überlegenheit beruhte nicht allein auf der wirtschaftlichen Macht, die hinter ihm stand. Da er über zahlreichere und zuverlässigere Informationsquellen verfügte als seine Gegenspieler, wußte er genau, was im Augenblick zu erreichen war und wo es sich vorläufig zu bescheiden galt. Skrupellosigkeit paarte sich mit Klugheit, Strenge mit Nachgiebigkeit, Profitstreben mit der Bereitschaft zum Kompromiß …

So wuchs in den Küstenstädten eine bürgerliche Herrenschicht heran, deren Repräsentanten aus einem härteren Holz geschnitzt waren als die mit dem Nachbarort Handel treibenden und von kleinen Geschäften lebenden Kaufleute vieler anderer deutscher Gemeinwesen. Diese Herrenschicht verstand zu planen. Sie arbeitete nicht für den Tag, sondern auf lange Sicht. Ihr Reichtum war meist das Ergebnis des Wirkens von mehreren Generationen. Neben den Riesengewinnen, die der Zwischenhandel abwarf, muteten die Beträge, welche Fürsten und Ritter aus ihren Untertanen herauspreßten, geradezu dürftig an. In der Stadtkasse von Stralsund lag mehr Geld, als der Herzog von Pommern in seinem Leben je gesehen hatte. Reichtum macht selbstbewußt: Der hansische Großkaufmann fühlte sich dem Adel weit überlegen. Wenn man eine Hansestadt nur von ferne sah, erkannte man bereits, wer hier oben im Norden den Ton angab.

Fast alle Städte an der Ostseeküste und in ihrem Hinterland sind »aus wilder Wurzel«, das heißt auf freiem Feld entstanden. Bevor Maurer und Zimmerleute mit der Arbeit begannen, legten die Stadtgründer den Verlauf der Straßen, den Umfang der Plätze und die Grenzen der Grundstücke fest. Gewöhnlich kreuzten sich die Straßen im rechten Winkel und grenzten annähernd rechteckige Baublöcke voneinander ab. Geographische und historische Besonderheiten erzwangen manchmal Abweichungen von diesem Gitterschema. Nicht überall bestanden so günstige Bedingungen wie in dem flachen Gelände an der

Rostock (Kupferstich, 17. Jh.)

Ryckmündung, das sich die Gründer von Greifswald ausgesucht hatten. Stralsund war zum Beispiel von Teichen umgeben, Teile von Rostock lagen auf dem Hochufer der Warnow, in Wismar mußte eine ältere Siedlung in den Grundriß einbezogen werden.

In einer Hinsicht waren die Städte »aus wilder Wurzel« den meist allmählich gewachsenen Handelszentren des alten Reichsgebietes von Anfang an überlegen: Sie paßten sich den Bedürfnissen des Warenverkehrs so gut an, daß ihre Gliederung von späteren Generationen nicht mehr verbessert zu werden brauchte. Hier gab es keine engen und gewundenen Gassen, in denen die Planwagen steckenblieben, keine Tore, deren schmale Durchfahrten den Fuhrmann zum Umladen zwangen, keine Märkte, so klein, daß sich die Händler mit einem Minimum an Verkaufsfläche zufriedengeben mußten. In Wismar besitzt der Marktplatz eine Seitenlänge von etwa hundert Metern, und die Straßen, die ihn mit den Toren und dem Hafen verbinden, sind so breit, daß der Verkehr in beiden Richtungen fließen konnte, ohne daß es zu Kollisionen und Stauungen kam.

Die Bauten in den nordostdeutschen Städten des frühen 13. Jahrhunderts waren noch von sehr bescheidenem Zuschnitt. Die meisten Wohnhäuser bestanden aus Holz. Erst 1271, also etwa vierzig Jahre nach Gründung der Stadt, ordnete der Rat von Stralsund an, alle Gebäude künftig in Stein zu errichten. Eine Brandkatastrophe, die fast die gesamte Einwohnerschaft obdachlos machte, hatte ihn davon überzeugt, daß es sehr teuer werden konnte, wenn man am falschen Ende sparte.

Mit der Massivbauweise kam Einheitlichkeit in das Stadtbild. Ebenso wichtig war die wohl noch im späten 13. Jahrhundert getroffene Entscheidung, in den zentralen Vierteln rund um den Markt vorwiegend Giebelhäuser zu errichten. Nicht ästhetische, sondern praktische Erwägungen gaben hier den Ausschlag. Der in die Höhe gestaffelte Giebel hob genau den Teil des Gebäudes hervor, den der Eigentümer als den wichtigsten und wertvollsten ansah: Hinter ihm lag der Speicher, auf dessen Böden sich Erzeugnisse aus aller Herren Ländern stapelten. Die oft bis zur Rückfront reichende geräumige Diele im Erdgeschoß diente als Kontor. Der Kaufmann, darauf bedacht, daß nichts und niemand den Geschäftsablauf störte, wollte alles unter Kontrolle haben. Ob Schreiber, Gehilfe oder Packknecht – sie arbeiteten hier unter den Augen ihres Chefs, der ihnen so von früh bis spät auf die Finger sehen konnte. Die meist seitlich der Diele gelegenen Wohnräume nahmen den geringsten Teil des Hauses ein. Die Familie, in der Regel viel größer als heutzutage, mochte sehen, wie sie mit den wenigen Stuben und Kammern zurechtkam.

Die gleiche Neigung, sich zunächst mit dem Notwendigen und Praktischen zu begnügen, ist auch in der Sakralbaukunst erkennbar. Die ersten Gotteshäuser, welche die Einwanderer errichteten, waren chorlose Hallenkirchen, behäbige Bauten, die mehr durch ihre gediegene Stämmigkeit als durch den Reichtum ihrer Gliederung beeindrucken. Das Langhaus von St. Marien in Greifswald erhebt sich zum Beispiel über einem Rechteck von 40 Meter Länge und 27,5 Meter Breite. Vier Pfeilerpaare teilen den Raum in drei gleich hohe Schiffe zu je fünf Gewölbefeldern. Der auffallend niedrige Turm steht nicht, wie sonst üblich, vor der Westwand des Langhauses: Seitenkapellen nehmen ihn in die Mitte und ziehen ihn in den Baukörper hinein. Die stärkste städtebauliche Wirkung geht von dem gewaltigen Satteldach aus. Es hockt über den Häusern der Stadt wie eine Glucke über ihren Küken. Der seit Jahrhunderten gebräuchliche Spitzname Dicke Marie gibt den eigentümlichen bürgerlichen Charakter dieses Bauwerks treffend wieder.

In den Städten des Binnenlandes, zum Beispiel in Neubrandenburg, Parchim, Anklam und Pasewalk, blieb man bei dieser Form, die allen Ansprüchen der Pfarrgemeinden genügte. Die hansischen Küstenstädte hingegen schlugen einen anderen Weg ein: Sie rissen schon im 13. Jahrhundert die Hallenkirchen ab und bauten statt ihrer gotische Basiliken nach dem Vorbild der nordfranzösischen Kathedralen. Lübeck machte den Anfang: Der Chor der Marienkirche - mit Umgang und Kapellenkranz wie in Chartres und Amiens - entstand zwischen 1260 und 1280, eine ungewöhnlich kurze Bauzeit, die den Schluß zuläßt, daß die Stadt über sehr bedeutende finanzielle Reserven verfügte. Wismar, Rostock und Stralsund folgten dem Lübecker Beispiel im Abstand von zwei, drei Jahrzehnten. Nur Greifswald, das erst 1250 Stadtrecht erhalten hatte, wollte sich nicht von seiner Dicken Marie trennen.

Im Grunde war es Wahnwitz, hier oben an der Küste gotische Kathedralen bauen zu wollen. Gab es keine bessere Verwendung für die Unsummen, die ein solches Riesenwerk kostete? In Rostock lebte etwa ein Viertel der Bevölkerung von der Hand in den Mund, und auch die Angehörigen der mittleren Vermögensklasse, meist Handwerker, mußten ihre Gulden zusammenhalten, wenn sie ihre Familien standesgemäß ernähren, kleiden und ausstatten wollten. Trotzdem erhob niemand den Vorwurf, daß der Rat der Stadt die Steuern der Bürger für Überflüssiges verschwendete. Im Gegenteil, nicht allein die Reichen, sondern auch jene, welche nur drei Groschen am Tag verdienten, trugen ihr Teil zum Gelingen des Kirchenbaus bei.

Diese Einmütigkeit verwundert um so mehr, als Herrschende und Beherrschte sonst durchaus nicht ein Herz und eine Seele waren. Religiöser Überschwang scheidet als Ursache aus. Im Norden hatte man nie viel von jenen Spielarten der Frömmigkeit gehalten, welche Unruhe stifteten, indem sie Fanatismus weckten. Die wenigen Geißlerzüge, die um 1350 die Küste erreichten, standen vor verschlossenen Toren oder wurden gezwungen, so rasch wie möglich weiterzuziehen. Weltliche und geistliche Obrigkeit stimmten darin überein, daß Unkontrollierbares von den Gemeinden ferngehalten werden mußte. Der Gläubige sollte Gott fürchten, lieben und ehren, aber, bitte schön, auf vernünftige, dem Herkommen entsprechende Weise.

Neubrandenburg, Marienkirche

Anklam, Nikolaikirche

In allen mittelalterlichen Kommunen gab es starke soziale Spannungen, die sich von Zeit zu Zeit in Zusammenrottungen und Aufständen entluden. Auch in Lübeck, Rostock und Stralsund forderten die Unterprivilegierten ihren Anteil am Stadtregiment. Nur in einer Hinsicht waren sich die verschiedenen Stände und Klassen einig: Die mühsam errungene städtische Freiheit mußte unbedingt behauptet, die Anmaßung der feudalen Mächte mit Nachdruck zurückgewiesen werden. Die neuen Großkirchen versinnbildlichten den Machtanspruch des hansischen Bürgertums, seinen Willen, inmitten einer feindlichen Umwelt nach eigenen Gesetzen zu leben und die Beziehungen zu den Mächten außerhalb der Stadtmauern nach eigenen Vorstellungen zu gestalten. Sie waren von Anfang an mehr Stadtheiligtümer als Gotteshäuser, mehr Trutzburgen als Versammlungsorte frommer Gemeinden.

Bevor die Bauleute mit ihrer Arbeit begannen, mußten unzählige schwierige Probleme gelöst werden. Das gotische System beruhte auf dem folgerichtigen Ineinandergreifen verschiedener bautechnischer Neuerungen. Das rundbogige Kreuzgratgewölbe, typisch für den Gewölbebau der spätromanischen Zeit, war zum Beispiel von dem spitzbogigen Kreuzrippengewölbe abgelöst worden. Spitzbögen haben die Besonderheit, daß sie sich auf ungleicher Grundlinie durch Anwendung verschiedener Halbmesser gleich hoch schlagen lassen. Damit entfiel der Zwang, den einzelnen Gewölbefeldern einen quadratischen Grundriß zu geben. Es bereitete jetzt keine Mühe mehr, auch Felder mit ungleichen Seiten einzuwölben. Dies bedeutete: Die Meister konnten von nun an über beliebigem Grundriß bauen.

Auch das Kreuzrippengewölbe war etwas völlig Neues. Seine Eigenart besteht darin, daß die über Kreuz angeordneten, fest verkeilten und sich gegenseitig stützenden Rippenbögen das tragende Gerüst bilden, während die raumabschließenden Teile des Gewölbes, die Kappen, bloße Füllwände darstellen, deren geringes Gewicht die stabilen Rippen ohne weiteres auffangen können. Druck und Schub sind daher im gotischen Kreuzrippengewölbe längst nicht so gleichmäßig verteilt wie im spätromanischen Kreuzgratgewölbe. Sie konzentrieren sich an den vier Eckpunkten des Gewölbefeldes. Die zwischen den Eckpunkten liegende Wand wurde als Stütze nicht mehr gebraucht und konnte durch riesige Glasfenster ersetzt werden.

Die Auflösung der Mauermasse hatte ihren Preis. Es war notwendig, die vier Eckpunkte des Gewölbefeldes so zu sichern, daß sie Druck und Schub standhielten. Besonders der zur Seite wirkende Schub gefährdete das Bauwerk. Wenn die Stützen nur um ein geringes ausbogen oder einknickten, stürzte das Gewölbe zusammen. Die Meister begegneten dieser Gefahr, indem sie den Schub nach außen ableiteten. Sie führten Strebepfeiler an den Wänden der Seitenschiffe empor, ungefähr bis zur Höhe des Gewölbeansatzes im Mittelschiff, und schlugen frei schwebende Strebebögen über das Seitenschiffdach hinweg zu jenen Punkten der Mittelschiffswand, welche gestützt werden mußten – eine waghalsige Konstruktion, bei der das Versagen eines einzigen Gliedes zur Katastrophe führen konnte.

Hinzu kam eine weitere Schwierigkeit: Es gab hier oben im Norden kein Baumaterial, das sich so leicht in jede gewünschte Form bringen ließ wie der nordfranzösische Kalkstein oder der rheinische Tuff. Der einzige Baustoff, der in ausreichender Menge zur Verfügung stand, der Backstein, war ein Kunstprodukt, von dem niemand wußte, wie es sich unter den extremen Bedingungen des gotischen Systems verhalten würde. Das Format der Backsteine durfte ein bestimmtes Maß nicht überschreiten, weil sie sonst nicht gleichmäßig gebrannt werden konnten. Größe ließ sich nur durch Addition erreichen. Aber wer stand dafür, daß ein aus unzähligen kleinen Teilen zusammengesetzter Pfeiler ebenso druck- und schubfest war wie eine aus großen Natursteinen aufgeführte Gewölbestütze?

Allen Städten voran steht Lübeck, mit den höchsten Gebäuden und den schmuckreichsten Kirchen geziert. So groß ist das Ansehen und die Macht dieser Stadt, daß auf ihren Wink die drei mächtigen Reiche Dänemark, Schweden und Norwegen Könige einzusetzen und abzusetzen pflegen.

Enea Silvio Piccolomini 1458

Der Kaufmann war das revolutionäre Element in dieser Gesellschaft, wo alles sonst stabil war, stabil sozusagen durch Erblichkeit; wo der Bauer nicht nur seine Hufe, sondern auch seine Stellung als freier Eigentümer, freier oder höriger Zinsbauer oder Leibeigner, der städtische Handwerker sein Handwerk und seine zünftigen Privilegien erblich und fast unveräußerlich überkam und jeder von ihnen obendrein seine Kundschaft, seinen Absatzmarkt, ebensosehr wie sein von Jugend auf für den ererbten Beruf ausgebildetes Geschick. In diese Welt trat nun der Kaufmann, von dem ihre Umwälzung ausgehen sollte. Aber nicht als bewußter Revolutionär; im Gegenteil, als Fleisch von ihrem Fleisch, Bein von ihrem Bein. Der Kaufmann des Mittelalters war durchaus kein Individualist, er war wesentlich Genossenschafter wie alle seine Zeitgenossen.

Friedrich Engels 1894

CONCORDIA DOMI FORIS PAX

Lübeck war im Mittelalter die größte deutsche Stadt. Das starke bürgerliche Selbstbewußtsein gebar hier einige der wichtigsten und schönsten Bauwerke der norddeutschen Backsteingotik. Stein für Stein wuchsen hier Dom, Marienkirche (oben und links), Rathaus, Heilig-Geist-Hospital, Holstentor (Seite 17) und andere sehenswerte Gebäude. Das Holstentor ging mit den alten 50-Mark-Scheinen der Bundesbank über alle Theken und Ladentische.

Lübeck. Das Heilig-Geist-Hospital wurde zwischen 1276 und 1286 an der heutigen Stelle neu erbaut. Die kleinen Schlafräume boten fast 150 Menschen Platz.
Rechts: Lübeck. Um 1200/1220 begann man mit dem basilikalen Neubau der Marienkirche. 1251 erfolgte ein Planwechsel zur Hallenkirche, um 1315 riß man das Hallenlanghaus ab und errichtete die um 1330 vollendete Basilika.

Lübeck. Die Katharinenkirche geht auf das 14. Jahrhundert zurück.
Rechts: Lübeck. Nach der Erhebung zur Freien Reichsstadt (1226) erfolgte auch der Neubau des Rathauses zwischen Markt und Marienkirche. Die herrliche Marktfassade datiert aus dem Jahre 1251.

Wismar. Das Archidiakonat an der Marienkirche (Mitte 15. Jahrhundert) war Sitz des Archidiakons, der im Mittelalter als Vertreter des Bischofs fungierte.
Links: Wismar. Der Chor der Nikolaikirche wurde 1403 geweiht, das Langhaus 1459. Die dreischiffige Basilika mit Kreuzrippengewölben birgt bemerkenswerte Ausstattungsstücke, die teils aus der Marien- und Georgenkirche stammen.

Wismar. Nikolaikirche. Der Chor ist von einem Kapellenkranz umgeben. Querhausartige Kapellenbauten schließen auch im Norden und Süden an das Schiff an; der Giebel des südlichen prunkt mit reichem figürlichen und ornamentalen Schmuck.

SEESTERN
Alter Schwede

Doberan. Klosterkirche. Der gotische Backsteinbau, mit älteren romanischen Bauteilen an Stelle eines 1291 abgebrannten Baues aus dem frühen 13. Jahrhundert, wurde zwischen 1294 und 1299 begonnen.
Links: Wismar. »Alter Schwede«. Der spätgotische Backsteinbau mit dreiteiligem Staffelgiebel datiert um 1380.

Doberan. Die dreischiffige Basilika mit zweischiffigem Querhaus besitzt Kreuzrippengewölbe. Der Kreuzaltar und das Monumentalkreuz (beide um 1368) stammen vermutlich aus einer Lübecker Werkstatt.

Doberan. Blick in den Chor.
Rechts: Doberan. Nach dem Vorbild der Lübecker Marienkirche ist auch der Chor der Klosterkirche zu Doberan mit einem Kranz von (fünf) Kapellen umgeben.

Hohen Viecheln. Dorfkirche. Der dreischiffige spätgotische Backsteinbau wurde um 1300 begonnen. Er besitzt Kreuzrippengewölbe, und die Rundpfeiler sind in roten und grünen glasierten Schichten aufgemauert.

188 1-4
166
188 v 5
283 1-3

Schwerin. Dom. St. Maria und St. Johannes Evangelista. Der erste Bau wurde 1248 geweiht; die jetzige gotische Backsteinkirche datiert im wesentlichen aus dem 14. und frühen 15. Jahrhundert. Im Vordergrund rechts das klassizistische Neue Gebäude.
Links: Bützow. Pfarrkirche (ehemals Kollegiatsstift). Die dreischiffige Backstein-Hallenkirche stammt aus der 2. Hälfte des 13. Jahrhunderts.

Parchim. Pfarrkirche St. Georg. Die dreischiffige Backstein-Hallenkirche wurde nach 1289 begonnen und 1307 geweiht und besitzt bemerkenswerte Ausstattungsstücke (u. a. im neugotischen Altaraufsatz spätgotische Figuren, zwei spätgotische Triumphkreuzgruppen, Kanzel von 1580, Taufstein von 1620).

Parchim. Pfarrkirche St. Marien. Die dreischiffige Backstein-Hallenkirche ist durch den sogenannten »Übergangsstil« geprägt. Die Weihe erfolgte 1278. Die zwei Kapellen an der Nordseite wurden 1420 und der Turm Anfang des 14. Jahrhunderts hinzugefügt.

Rostock. Marienkirche. Bei dem ersten Bau handelte es sich um eine Backstein-Hallenkirche nach westfälischem Vorbild. Nach Umgestaltung und Neubau datiert die heutige Kirche aus dem Jahre 1452.

Links: Güstrow. Dom St. Maria, St. Johannes Evangelista und St. Cäcilia. Der nach 1226 begonnene Bau birgt eine reiche Ausstattung – so einen spätgotischen Altar mit doppelten Flügeln, Domapostel (um 1530), Triumphkreuz (um 1370) sowie ein Kruzifix und die Plastik »Der Schwebende« von Ernst Barlach.

Seite 42/43: Rostock. Barocker Vorbau des Rathauses. Dahinter die mittelalterliche Schauwand.

Stralsund. Stadtsilhouette. Links die beiden Türme der Nikolaikirche, rechts St. Jakobi und St. Marien.
Links: Rostock. Kerkhofhaus. Der aus der 1. Hälfte des 16. Jahrhunderts stammende und mit siebenteiligem Staffelgiebel und Reliefschmuck versehene Bau birgt heute das Stadtarchiv.

Stralsund. Das dortige Rathaus ist eines der schönsten im Norden Deutschlands. Zwei parallel laufende Giebelhäuser wurden möglicherweise schon im späten 13. Jahrhundert durch Querbau im Süden und vermutlich im 15. Jahrhundert durch nördlichen Querbau (mit Fassade) verbunden. Im Anschluß links die Nikolaikirche.

Stralsund. Nikolaikirche. Die Hauptbauzeit lag vermutlich in der 1. Hälfte des 14. Jahrhunderts. Der südliche Turm erhielt seine Barockhaube 1667. Von der reichen Ausstattung sind besonders verschiedene Altäre bemerkenswert sowie ein Rest des Nowgorodfahrergestühls (Jagdszenen aus Rußland) aus dem 14. Jahrhundert.
Seiten 50/51: Stralsund. Marienkirche.

Stralsund. Das Katharinenkloster wurde 1251 von Dominikanern gegründet. Im Südflügel des östlichen Hofes befindet sich ein dreischiffiger Remter (Speise- und Versammlungssaal) mit Kreuzrippengewölben, schlanken Kalksteinsäulen und Gewölbemalereien.

Kultur-
historisches
Museum

Greifswald. Der Dom St. Nikolai dominiert das Stadtbild. Begonnen in der 2. Hälfte des 13. Jahrhunderts wurde er Ende des gleichen Jahrhunderts vollendet und dann noch einmal – in der 2. Hälfte des 14. Jahrhunderts – nach Osten erweitert und umgebaut.
Rechts: Greifswald. Bürgerhaus am Markt.

Greifswald. Die Ruine des ehemaligen Zisterzienserklosters Eldena (gegründet 1199) war bereits Caspar David Friedrich ein beliebtes romantisches Motiv. Neben Resten der Kirche ist noch die zweigeschossige Ruine des Ostflügels der Klausur erhalten.

Wolgast. Die Gertrudenkapelle (Alter Friedhof) ist ein zwölfeckiger spätgotischer Backstein-Zentralbau mit Sterngewölbe und Zeltdach. Er datiert vermutlich um 1400.

Grimmen. Neben der Alten Schule, der Pfarrkirche St. Marien und dem Stralsunder sowie dem Greifswalder Tor ist das Rathaus aus dem 14. Jahrhundert einer der Sehenswürdigkeiten des Städtchens im Stile der Backsteingotik.

Wir grüßen unsere Gäste
750 JAHRE FRIEDLAND
1244 1994
Festwoche
vom 3. – 10. Juli 1994

Neubrandenburg. Stargarder Tor. Die Stadt wurde 1248 im Auftrage des Markgrafen Johann von Brandenburg gegründet. Sie gilt als Musterbeispiel des deutschen Kolonisationsschemas im Osten (kreisförmiger Grundriß, das Innere durch neun sich im rechten Winkel kreuzende Straßen in rechteckige Baublöcke aufgeteilt). Friedland. Das Anklamer Tor wurde vermutlich in der 1. Hälfte des 14. Jahrhunderts errichtet; das Torhaus wird von zwei Rundtürmen flankiert.

Neubrandenburg. Das Neue Tor – mit flachen Blenden, Staffelgiebel, acht aus Backsteinen geformten Figuren – datiert aus der 2. Hälfte des 15. Jahrhunderts.
Rechts: Neubrandenburg. Während der Mauerring um die Stadt fast vollständig erhalten ist, ist von den ursprünglich 56 Wiekhäusern nur die Hälfte auf uns gekommen.
Seite 64: Neubrandenburg. Treptower Tor.

ORIGINAL
MECKLENBURGER
TÖPFER
WARE

VERWEGENE EXPERIMENTE

Die unbekannten Meister, die im letzten Viertel des 13. Jahrhunderts an den Chören und Langhäusern von St. Marien zu Lübeck und St. Nikolai zu Stralsund arbeiteten, ließen zunächst Vorsicht walten. Da sie der Druck- und Schubfestigkeit des Backsteins mißtrauten, gingen sie von dem vernünftigen Grundsatz aus, daß doppelte und dreifache Sicherheit einem Bauwerk noch nie geschadet hat. Sie bildeten die tragenden und stützenden Glieder klobiger, als es nach den Gesetzen der Statik notwendig gewesen wäre. Eines vor allem scheint ihnen bald klargeworden zu sein: Die Eigenheiten des Materials ließen eine vollständige Auflösung der Mauermassen nicht zu. Die Wand, in den Kirchenbauten der Natursteingotik so gut wie verschwunden, mußte den Pfeilern und Streben einen Teil der Last abnehmen.

Mit der Erfahrung wuchs die Sicherheit, mit der Sicherheit die Lust am Experiment. Noch war eine wichtige Frage nicht beantwortet: Wie weit durfte man den Raum in die Höhe treiben, ohne Pfeiler, Streben und Wand zu überfordern? Die Meister des 14. Jahrhunderts kamen zu erstaunlichen Resultaten: In St. Marien zu Stralsund beträgt die Mittelschiffshöhe 32,4 Meter, in St. Nikolai zu Wismar 37 Meter, in St. Marien zu Lübeck sogar volle 40 Meter. Wer ermessen will, was dies bedeutete, muß bedenken, daß eines der berühmtesten Werke der deutschen Natursteingotik, das Straßburger Münster, eine Mittelschiffshöhe von 31,5 Metern besitzt. Sogar die technisch besonders versierten Franzosen schreckten manchmal vor einer solchen Ausweitung des Raumes zurück.

Nicht alle Experimente glückten. 1398 stürzten die Gewölbe von St. Marien zu Rostock ein und rissen große Teile der Hochschiffswand mit in die Tiefe. Wahrscheinlich hatten die Meister die Tragfähigkeit des sumpfigen Baugrundes überschätzt und zudem noch den Fehler begangen, die den Schub auffangenden Strebepfeiler so schwach zu bilden, daß sie einknickten oder auswichen. Dergleichen Katastrophen kamen in allen Ländern vor. Der Chor der Kathedrale von Beauvais brach 1284 zusammen, weil auch hier das Strebewerk den Schub der Gewölbe nicht länger aufzufangen vermochte. Der Bischof von Beauvais, Bauherr der Kathedrale, verfügte, die Gewölbehöhe um vier Meter zu verringern und die Stärke der tragenden Glieder zu verdoppeln. Das Unglück hatte seinen Ehrgeiz gedämpft. Fortan gab er sich mit dem risikolos Erreichbaren zufrieden.

Rat und Bürgerschaft von Rostock ließen sich nicht so rasch entmutigen wie der Bischof von Beauvais. Ihre Antwort auf die Katastrophe bestand in dem Beschluß, die Kirche in beträchtlich vergrößerter Form wiederherzustellen. Es ging eben um mehr als die Befriedigung von religiösen Bedürfnissen. Die Rostocker erklärten sich zu großen Opfern bereit, nicht weil sie St. Marien brauchten – es gab noch fünf andere Gotteshäuser in der Stadt –, sondern weil der Bau eines solchen Stadtheiligtums für die gesamte Bevölkerung zu einer Sache der Ehre und des Stolzes geworden war. Der ursprünglich querschiffslosen Basilika wurde im 15. Jahrhundert ein gewaltiges Querhaus angefügt. Es besitzt eine Länge von 59 Metern und eine Breite, welche die

Stralsund, Nikolaikirche

Mittelschiffsbreite des Langhauses um fast einen Meter übertrifft. Die Klobigkeit der Stützen und die Stärke der Strebepfeiler verraten, daß sich die Meister weit mehr mit den Problemen der Sicherheit beschäftigten als ihre Vorgänger aus dem 14. Jahrhundert. Das Unglück hatte sie gelehrt: Standfestigkeit ging vor Schönheit.

Der schon um 1260/70 begonnene Westbau der Rostocker Marienkirche blieb unvollendet. Wenn der Sumpfboden der Warnowniederung bereits unter der Last der Langhausmauern nachgab, wie sollte er dann die gewaltige Mauermasse einer Doppelturmfront tragen? Als sich um 1450 gefährliche Risse zeigten und die fertiggestellten Teile aus dem Lot zu weichen begannen, ließ der Rat die Arbeiten einstellen. In Wismar wuchs zu dieser Zeit der Turm der Marktkirche empor, auch sie der Muttergottes geweiht: Er erreichte eine Höhe von 80 Metern. In Greifswald schufen unbekannte Meister den Turm von St. Nikolai, der schließlich, nach einer letzten Umgestaltung im 17. Jahrhundert, 99,9 Meter hoch in den Himmel ragte. Stralsund nahm die Herausforderung an: Die Meister von St. Marien gaben sich erst mit 103 Metern zufrieden. Alle diese Bauten wurden von der Marienkirche zu Lübeck übertroffen, deren Doppelturmfront eine Höhe von 125 Metern besitzt. Die Kapitale der Hanse behauptete auch auf diesem Gebiet ihre Ausnahmestellung.

Es gibt keinen besseren Beweis für die Sogwirkung der hansischen Sakralbaukunst als die Tatsache, daß die Baumeister der nordostdeutschen Bischöfe und des Zisterzienserordens die in den Küstenstädten erarbeiteten Grundriß- und Aufrißlösungen nahezu kritiklos übernahmen. Der Dom zu Schwerin, kurz vor 1270 begonnen und um 1374 vollendet, ist im wesentlichen eine Wiederholung der Marienkirche zu Lübeck, unterschieden von dieser nur durch die Hinzufügung eines dreischiffigen Querhauses und den Verzicht auf eine Doppelturmfront. Alle anderen Merkmale, von denen der Charakter eines Bauwerks abhängt, zum Beispiel der Grundriß von Chor und Langhaus sowie das Verhältnis von Höhe und Breite, Wand und Öffnung, stimmen in verblüffender Weise überein.

Die Zisterzienser waren schon gegen Ende des 12. Jahrhunderts in das eroberte Land eingewandert. Dargun wurde 1172, Lehnin im Brandenburgischen 1180, Eldena, an der Ryckmündung gelegen, 1199 gegründet. Auch in Doberan stand seit 1186 ein Zisterzienserkloster, dessen spätromanische Kirche, eine flachgedeckte Pfeilerbasilika über kreuzförmigem Grundriß, in allem den strengen Regeln entsprach, nach denen sich die Baumeister des Ordens zu richten hatten. Diese Regeln verboten kategorisch, mehr als das für den Gottesdienst unbedingt Notwendige zu tun. Bernhard von Clairvaux, Zisterzienserabt und einer der einflußreichsten Theologen seiner Zeit, hielt es für eine schwere Sünde, den Notleidenden Geld zu entziehen, um damit Überflüssiges zu finanzieren. Wer sich diesem rigorosen Verbot zu widersetzen versuchte, wurde vom Generalkapitel des Ordens mit Absetzung und Einkerkerung bedroht.

Abt Johann von Dalen, der Doberan von 1294 bis 1299 vorstand, ließ sich von dieser Drohung nicht schrecken. Das nahe der Ostseeküste gelegene Kloster und der Ort, an dem das Generalkapitel alljährlich zusammentrat, waren so weit voneinander entfernt, daß er Entdeckung und Bestrafung kaum zu fürchten brauchte. Die spätromanische Kirche lag seit 1291 in Schutt und Asche. Johann von Dalen ordnete an, sie größer und schöner wiederaufzubauen – nicht nach den Regeln der Ordensbaukunst, sondern nach dem Muster der

Rostock, Marienkirche

Bürgerkathedralen in den Hansestädten. So entstand in den Jahrzehnten zwischen 1294 und 1368 eine der prächtigsten Kirchen Nordostdeutschlands, eine hochgotische Basilika mit Querhaus, Chor, Umgang und Kapellenkranz, ausgezeichnet vor anderen durch die Eleganz ihrer Erscheinung und die geistvolle Originalität ihrer Einzelformen. Nur der Dachreiter über der Vierung, typisch für alle Zisterzienserkirchen, erinnert noch daran, daß hier Mönche gebaut haben.

Gemeinsames Merkmal der hansischen Bürgerkathedralen und der von ihnen beeinflußten Bischofs- und Ordenskirchen ist die Klarheit der architektonischen Erscheinung, hervorgerufen durch den vom Material erzwungenen Verzicht auf üppiges Beiwerk. Neben den Bauten der Natursteingotik mit ihrer Fülle von Fialen, Wimpergen, Blattfriesen, Säulchen, Wasserspeiern und Figurenportalen muten St. Marien zu Lübeck und St. Nikolai zu Stralsund fast karg an. Die wenigen Schmuckformen, die der Backstein erlaubte – Spitzbogenblenden, Stabwerk, Kreuzbogenfriese –, bleiben in der Fläche; sie unterstreichen die strenge Größe der Gesamterscheinung, statt sie zu verschleiern. Die stärkste Wirkung geht von der rhythmisch gegliederten Masse aus, die zweitstärkste von den Verhältnissen, die den Charakter des Raumes bestimmen. Anders ausgedrückt: Die nordostdeutsche Backsteingotik des 13. und 14. Jahrhunderts ist unverfälschte, unvermischte, ohne die geringste Abweichung auf das Wesentliche gerichtete Architektur.

Zumeist mit Einwanderern aus Westfalen und Niedersachsen waren die Gebiete Neudeutschlands, in denen die Backsteingotik ihre charaktervollste und großartigste Ausprägung erhielt, besiedelt worden. Und nun erwies es sich, daß die meist in der romanischen Epoche so ruhmvoll bewährte architektonische Begabung dieser Stämme ganz und gar nicht erloschen war. In der Gotik französischer Observanz muß etwas gewesen sein, das sie nicht warm werden ließ. Mit der Nötigung zur Umbildung der übernommenen Formen gab ihnen der Backstein die innere Freiheit, und aus dieser heraus schufen sie einen Stil, der bewies, daß der Inhalt der Gotik durch die westeuropäische Fassung noch nicht erschöpft war. In allen den Eigenschaften, die nur die Frucht einer durch lange Generationen fortgesetzten Bildung sein können, steht diese Neulandskunst hinter der rheinischen und oberdeutschen zurück; größer als diese ist sie durch ein bei aller herben Zurückhaltung oft heroisches Temperament. Sie ist selbstbewußt ohne Selbstgefälligkeit, sachlich ohne Nüchternheit, ernst ohne Kälte, streng ohne jegliche Anwendung von Askese, kühn im Großen und haushälterisch im Kleinen, besonnen, immer geradeaus auf die Hauptsache gerichtet: weitaus nicht die glänzendste, aber sicher die eigengeartetste unter den Spielarten der deutschen Gotik.

Georg Dehio 1923

Mehr als die Daten der Geschichte verraten uns Wismars Bauten über sein Schicksal. Gewaltig ragen die drei Hauptkirchen aus der Stadt empor, St. Marien und St. Georg in der Nähe des Marktes, St. Nikolaus am Hafen, dem Patron der Schiffer geweiht. Herausfordernd hingeworfen, wie um sich untereinander und alle Kirchen der Nachbarorte zu übertrumpfen, deutet ihr Übermaß um so mehr auf unbeherrschten Übermut, als Wismars Reichtum und Stellung so stolzen Plänen nicht entsprach. Sie erwecken den Gedanken an sagenhafte Städte, deren Bewohner frevelmütig ihre Straßen mit Gold deckten, bis der Zorn Gottes sie schlug und in Berg oder Meer versenkte. Turm und Chor der Ratskirche St. Marien beherrschen den Markt, obwohl sie etwas abseits davon liegt. Umgeben von der malerischen Gruppe der Pfarrei und anderen alten Bauten, tritt der gotische Backsteinbau dem Näherkommenden überraschend entgegen. Seine Einfachheit bei allem Zierat farbiger Glanzziegel, Bänder und Fialen macht, daß die architektonische Idee packend und interessant, wie das Skelett eines riesigen Urgeschöpfes hervortritt. Vom Markt aus muten die auf den Chor gestützten Strebepfeiler an wie die Beine einer versteinerten Riesenspinne. Wohltuend ist die sanftglühende Farbe des Backsteins im Innern, das dadurch, trotz der großen Verhältnisse, nicht kalt und leer wirkt.

Ricarda Huch 1927

MACHT UND MILDTÄTIGKEIT

Das 14. Jahrhundert war die heroische Zeit der Hanse. Fast alle Konkurrenten mußten vor ihrer Übermacht die Waffen strecken. Als der Graf von Flandern 1359 versuchte, die von hansischen Schiffen angelandeten Waren dem Stapelzwang zu unterwerfen – der Stapelzwang räumte den einheimischen Kaufleuten das Vorkaufsrecht ein –, zwang ihn eine Handelssperre rasch zum Einlenken. Auch der mächtige Dänenkönig Waldemar IV., der 1360 prahlerisch verkündet hatte: »... na der Hensen frag ik nich en Schiten«, kroch 1370 zu Kreuze: Im Friedensvertrag von Stralsund bestätigte er die hansischen Privilegien und räumte dem Städtebund ein Mitspracherecht bei allen künftigen dänischen Königswahlen ein. Die Kronen der skandinavischen Reiche seien zur Kramware der Lübecker Kaufleute geworden, klagte ein dänischer Chronist.

Zu Beginn des 15. Jahrhunderts hatte die Entwicklung der Hanse ihren Gipfelpunkt erreicht. Von nun an ging es ihr nur noch darum, das System von Vorrechten und Ausnahmeregelungen, auf dem ihre Macht beruhte, zu festigen und zu verteidigen. Da sie über Riesensummen verfügte, fiel es ihr verhältnismäßig leicht, Widersacher zu überzeugen, daß es von beiderseitigem Vorteil war, alles beim alten zu lassen. Behäbigkeit machte sich breit. Das hansische Großbürgertum legte nach und nach seine Unrast ab und verschrieb sich dem Genuß. Der Stolz auf den erworbenen Reichtum weckte die Lust an Formen, die reicher, aufwendiger und gefälliger waren als die herben Gebilde der vergangenen Zeit.

Auch im Profanbau hatten sich die Städte zunächst mit dem Notwendigen und Zweckmäßigen begnügt. Die ersten Rathäuser in Lübeck, Rostock und Stralsund waren langgestreckte zweigeschossige Hallen. Im Obergeschoß befanden sich der Ratssaal und die Ratsstube, in der die Schreiber arbeiteten. Die Räume im Erdgeschoß dienten, wie eine Stralsunder Urkunde von 1279 bezeugt, als Verkaufsstände und Warenlager. Diese schlichten Hallen reichten bald nicht mehr aus. Die Zahl der Fachkräfte wuchs. Wohin mit den Rechtsberatern, den Kämmerern, den Archivaren? Die Ratskollegien lösten dieses Problem, indem sie ein zweites und, wenn nötig, ein drittes Rathaus zu errichten befahlen, und zwar meist parallel zur ersten Anlage, die so allmählich an Breite zunahm. Das Rathaus von Rostock besteht aus drei Baukörpern, die dicht nebeneinander liegen. In Stralsund sind die beiden Häuser um einen schmalen rechteckigen Hof gruppiert. Die Lübecker entschieden sich dafür, Ursprungs- und Ergänzungsbau im rechten Winkel anzuordnen.

Die bürgerliche Herrenschicht des 15. Jahrhunderts gab sich nicht mehr mit dem nur Zweckmäßigen zufrieden. Die schlichten Hallenbauten wurden hinter Fassaden versteckt, zuerst in Lübeck, dann in Rostock und Stralsund. Auch hier schritt die Entwicklung vom Einfachen zum Reichen fort. Die leider durch einen barocken Vorbau entstellte Rostocker Fassade ist viel lebhafter gegliedert als die Schauwand des Rathauses in Lübeck, und die Rostocker Variante wirkt schwerfällig, wenn man sie mit der Prunkfassade in

Grimmen, Rathaus

Stralsund vergleicht. Die Namen der Meister, die dieses Wunderwerk schufen, sind unbekannt. Ob sie, wie einige vermuten, Schüler des Magisters Hinrich Brunsberg waren, der von 1400 bis 1428 im nahen Stettin lebte, bleibt ungewiß. Aber wer immer sie gewesen und woher sie gekommen sein mögen – sie gehören zu den ganz Großen der deutschen Kunstgeschichte. Nirgendwo sonst im Backsteingebiet finden wir eine Schöpfung, die in ähnlich genialer Weise Stabilität und Leichtigkeit miteinander verbindet, nirgendwo sonst ist mit dem spröden Material so souverän gezaubert worden.

Die gleiche Neigung zum Reichen und Repräsentativen machte sich auch im Befestigungsbau bemerkbar. Viele Städte an der Küste und im Binnenland verstärkten im 15. Jahrhundert ihre Verteidigungsanlagen – nicht aus Not, sondern mehr nach dem Motto: Vorsicht hat noch nie geschadet. In Lübeck wurde das Wall- und Grabensystem, das die Westseite deckte, mit beträchtlichem Aufwand verbessert und ein weiteres großes Stadttor, das Holstentor, errichtet. In Neubrandenburg ließ der Rat fast die gesamte Ringmauer erneuern und die Tore durch Vorwerke schützen, die den Angreifer abfangen sollten, bevor er das Haupttor erreichte. Der Lübecker fühlte sich hinter dem Holstentor so sicher wie in Abrahams Schoß, und auch dem Neubrandenburger schlug das Herz höher, wenn er die mächtigen Tore und Türme seiner Heimatstadt sah.

Aber das Gefühl der Geborgenheit, das diese Befestigungen weckten, war trügerisch. Die Heere des 15. Jahrhunderts verfügten bereits über eine leistungsfähige Artillerie. Ihre großkalibrigen Geschütze verschossen Stein- und Eisenkugeln mit einem Gewicht bis zu vier Zentnern. Die Festungsbaumeister paßten sich den neuen Bedingungen an: Sie reduzierten die Höhe der Verteidigungswerke und schützten die besonders verwundbaren Mauern, indem sie ihnen Erdwälle vorlagerten. Erde reagiert elastisch und hält daher dem Geschoßdruck weit besser stand als Stein. Im Norden nahm man von diesen Neuerungen keine Notiz. Man ignorierte, daß ein paar Volltreffer ausgereicht hätten, um die ganze Herrlichkeit in einen Schutthaufen zu verwandeln. Der Symbolwert der Mauern, Tore und Türme, die abschreckende Wirkung, die von ihnen ausging, das Machtbewußtsein, das sie ausstrahlten, war den Verantwortlichen offensichtlich wichtiger als der militärische Nutzen.

Es scheint, daß die Herrschenden das Risiko, von außen angegriffen zu werden, bei weitem nicht so fürchteten wie die Gefahr, die ihrem Regiment von innen drohte. In fast allen Hansestädten nahmen die sozialen Auseinandersetzungen an Häufigkeit

Malchin, Steintor

Greifswald, Marienkirche

und Schärfe zu. Die Stadtobrigkeiten sprangen mit Rebellen und solchen, die sie dafür hielten, nicht gerade sanft um, aber auch Bluturteile vermochten die Flut nicht einzudämmen. Die Ratskollegien entschlossen sich daher zu einer Doppelstrategie: Sie verschärften die Unterdrückungsmaßnahmen und sorgten zugleich dafür, daß einige besonders schlimme Mißstände beseitigt wurden. Es kam zum Beispiel immer wieder vor, daß ehrbare Handwerker, Menschen, die sich nie etwas hatten zuschulden kommen lassen, am Ende ihres Lebens in bittere Not gerieten. Auch das Los der Witwen und Waisen, der Kranken und Krüppel war oft unmenschlich hart. Solche Schicksale erbitterten die vielen Unzufriedenen um so mehr, als sie in einem provozierenden Gegensatz zum üppigen Dasein der Reichen standen. Es lag im Interesse der Herrschenden, diesen sozialen Zündstoff zu beseitigen, bevor er explosionsartig aufflammte.

In Lübeck war man schon früh zu der Einsicht gekommen, daß es Sparsamkeit am falschen Ende bedeutete, wenn man die Armen-, Alten- und Krankenpflege dem Selbstlauf überließ. Hier hatte der Rat gegen Ende des 13. Jahrhunderts das Heilig-Geist-Hospital gegründet – in Konkurrenz zu den Stiftungen der Geistlichkeit, deren nur schwer kontrollierbarer Einfluß auf die Stadtarmut vermindert werden sollte. Der quergelagerten Vorhalle, die als Kapelle diente, schließt sich ein langgestreckter Saal an, in dessen kleinen, etwa vier Quadratmeter messenden Schlafkojen 145 Menschen Platz fanden. Es war eine Auszeichnung, hier seinen Lebensabend verbringen zu dürfen. Der Rat achtete darauf, daß nur achtbare und unverschuldet in Not geratene Arme dieser Ehre teilhaftig wurden.

Als die Spannungen im 15. Jahrhundert zunahmen, knüpfte man das soziale Netz dichter – diesmal meist auf Initiative einzelner reicher Bürger, die etwas für ihr Seelenheil tun wollten, indem sie einen Teil ihres Vermögens den Mittellosen zukommen ließen. Damals entstanden in Lübeck die ersten Höfe, so genannt, weil die anspruchslosen Armenquartiere oft um einen kleinen Hinterhof gruppiert sind. Hier fanden, Ehrbarkeit vorausgesetzt, neben Kranken und Gebrechlichen vor allem Witwen und alleinstehende Frauen Unterkunft und Versorgung. Hunderte wurden so vor dem Schicksal bewahrt, an den Kirchentüren betteln zu müssen.

Auch in Stralsund bemühte sich der Rat, wenigstens die ärgste Not zu lindern. Nach dem Vorbild von Lübeck wurde hier in der zweiten Hälfte des 13. Jahrhunderts ebenfalls ein Heilig-Geist-Hospital gegründet. Sein Standort war zunächst mitten in der Stadt. Um 1325 ordnete der Rat an, die Einrichtung vor das Frankentor zu verlegen, also in das bei kriegerischen Auseinandersetzungen besonders gefährdete Gebiet außerhalb der Mauer – eine Entscheidung, die nicht gerade für ein Übermaß an christlicher Nächstenliebe sprach. Vermutlich benötigte man den wertvollen innerstädtischen Grund und Boden für lukrativere Zwecke.

Die dreischiffige Hallenkirche ist eine Schöpfung des frühen 15. Jahrhunderts. Das Hospital, das sich im Osten anschließt, besteht aus zwei langgestreckten, um einen schmalen Hof gruppierten zweigeschossigen Flügeln mit insgesamt 28 kleinen Wohnungen – wenig genug, wenn man bedenkt, daß ein Viertel der Stralsunder Bevölkerung zu den Besitzlosen gehörte, aber doch viel mehr, als in den meisten Städten des Binnenlandes für die Armen getan wurde.

Stralsund ist eine große Stadt, durch ihre Leiden und Freuden und durch große Kämpfe, worin die Namen Wallenstein, Gustav Adolf, Friedrich Wilhelm der große Kurfürst, Karl XII. und der alte Dessauer Leopold von Anhalt mitklingen, eine glorreich berühmte Stadt. Im Mittelalter war sie … die mächtigste und prächtigste Stadt im Pommernlande, und noch sieht man ihren Marktplätzen, dem herrlichen Rathause und den drei größten Kirchen den alten vergangenen Glanz an. Sie entwuchs wenige Jahrzehnte nach ihrer Gründung im Anfange des dreizehnten Jahrhunderts der Macht der Fürsten von Rügen und nach deren Erlöschung der pommerschen Herzöge und war die nächsten Jahrhunderte nur dem Namen nach eine abhängige, der Tat nach aber fast eine freie Reichsstadt.

Ernst Moritz Arndt 1840

Wie steigst, o Lübeck, du herauf
In alter Pracht vor meinen Sinnen
An des beflaggten Stromes Lauf,
Mit stolzen Türmen, schart'gen Zinnen!
Dort war's, wo deiner Erker Zahl
Der Hansa Boten wartend zählten,
Dort, wo die Väter hoch im Saal
Ein Haupt für leere Kronen wählten.
Denn eine Fürstin standest du,
Der Markt war dein und dein die Wege,
Du führtest reich dem Süden zu,
Was nur gedieh in Nordens Pflege.
Es bot der Norweg seinen Zoll,
Der Schwede bog sein Haupt, der Däne,
Wenn deine Schiffe segelvoll
Vorüberflohn, des Meeres Schwäne.

Emanuel Geibel 1844

VOM SCHLICHTEN ZUM PRÄCHTIGEN

So achtbar diese Bemühungen waren – sie beanspruchten lediglich einen geringen Teil der Summen, welche die herrschende Schicht für Zwecke der Repräsentation und der Selbstdarstellung aufwendete. Nicht nur die großen Gemeinschaftsbauten, sondern auch die Wohnhäuser wandelten sich im 15. Jahrhundert vom Schlichten zum Prächtigen. Die innere Struktur der Gebäude blieb dabei unverändert. Der hansische Großkaufmann dachte viel zu praktisch, um sich ohne Not von Grundrißlösungen zu trennen, die sich bewährt hatten. Dafür wurden die Staffelgiebel lebhafter gegliedert und reicher geschmückt als je zuvor, oft im Wechsel von roten und dunkel glasierten Backsteinen, was die dekorative Wirkung des Gespinstes aus Fialen, Blenden und Maßwerk noch erhöhte. Das um 1450 erbaute Archidiakonat an der Marienkirche zu Wismar und das etwas ältere Haus Nr. 11 am Markt zu Greifswald – Reste eines ursprünglich viel größeren Bestandes – zählen zu den berühmtesten Beispielen dieser filigranen Spätzeitkunst.

Der gleiche Drang zur Selbstdarstellung veranlaßte das hansische Bürgertum, seine Kirchen ungewöhnlich reich mit Altären und Gestühlen auszustatten. Noch im 14. Jahrhundert hatte der Mangel an lohnenden Aufträgen bedeutende Maler und Schnitzer davon abgehalten, sich in den Küstenstädten niederzulassen. Die wenigen Bildwerke aus dieser Zeit sind meist Importe aus anderen deutschen Landschaften. Erst als sich nach 1400 die Grundstimmung des Bürgertums wandelte und die Lust, sich mit schönen und gefälligen Dingen zu umgeben, zunahm, holte man das bisher Versäumte nach. Lübeck ging auch auf diesem Gebiet voran. Hier entstand im Laufe des 15. Jahrhunderts eine Maler- und Schnitzerschule, deren Schöpfungen die gesamte bildende Kunst des Ostseeraumes entscheidend beeinflußten. Bis hinauf nach Aarhus, Odense, Vadstena, Stockholm und Reval findet man Werke mit dem Signum der lübischen Hauptmeister Bernt Notke, Henning von der Heide und Claus Berg.

Die in Jahrhunderten erworbenen Charaktereigenschaften veränderten sich nicht so rasch wie die Stimmung. Der hansische Großkaufmann, von seinem Beruf zur Nüchternheit erzogen, verlangte von den Künstlern, die er beschäftigte, daß sie sachlich blieben, die Klarheit des Inhalts nicht der Gefälligkeit der Form opferten und unkontrollierbare Gefühle zurückdrängten. Alles Rührselige, alles mystisch Verschwommene erregte sein Mißtrauen. Er fand wenig Gefallen an Schöpfungen, die bei der Schilderung von Begebenheiten und Wesensmerkmalen Genauigkeit vermissen ließen. Gottergebene Innerlichkeit, wie man sie etwa in den Werken von Tilman Riemenschneider findet, sucht man im Norden meist vergeblich. Die hansischen Meister holten das Heilige auf die Erde herab und siedelten es in einer Wirklichkeit an, die mit ihren Lebenserfahrungen übereinstimmte. Die Güstrower Domapostel von Claus Berg ähneln kampferprobten Landsknechten, die sich aufs Dreinschlagen verstehen, nicht frommen Märtyrern, die ihr Schicksal widerspruchslos hinnehmen, und die große Georgsgruppe von Bernt Notke, die in der Storkyrka zu Stockholm steht, stellt den Kampf des Rit-

Güstrow, Dom

ters mit dem Drachen so realistisch dar, daß man zu hören vermeint, wie der Hufschlag dröhnt, der Lanzenschaft splittert und der Schwerthieb pfeift.

Unzählige Werke sind im Laufe der Jahrhunderte verlorengegangen oder zerstört worden. Die Bilderstürme der Reformationszeit, die Engstirnigkeit der lutherischen Orthodoxen, die viele Gemeinden dazu überredeten, alles »Papistische« aus den Gotteshäusern zu entfernen, der Unverstand der im 19. Jahrhundert tätigen Restauratoren, die an Trödler verramschten, was ihrer absurden Forderung nach »Stilreinheit« widersprach, und schließlich die Feuersbrünste des Zweiten Weltkriegs, die Lübeck, Wismar und Rostock fürchterlich verwüsteten, haben nur einen Bruchteil des alten Bestandes übriggelassen. Am schwersten traf es die Marienkirche zu Lübeck, einst das am reichsten ausgestattete Stadtheiligtum im Gebiet der Hanse. Arbeiten von unschätzbarem Wert, darunter die Gregorsmesse von Bernt Notke, ein Hauptwerk der spätmittelalterlichen deutschen Malerei, gingen hier zugrunde.

KEINE SCHEU VOR DEM HEILIGEN

Wie groß der Reichtum ursprünglich war, belegt ein Verzeichnis, das der Stralsunder Bürgermeister Franz Wessel um 1564 zusammengestellt hat. Nach dieser Liste gab es in den Kirchen der Stadt insgesamt 207 Altäre, 56 davon allein in St. Nikolai. Die zahllosen Gestühle, Kronleuchter, Grabdenkmäler und Einzelfiguren hielt der Chronist wohl nicht für erwähnenswert. Obgleich die Nikolaikirche zu den wenigen Bauten gehört, um die der Krieg einen Bogen machte, ist heute nur noch ein Zehntel des alten Bestandes vorhanden. Darunter befinden sich zwei Werke, die besser und deutlicher als andere den nach fast dokumentarischer Genauigkeit strebenden Realitätssinn der hansischen Meister und ihrer großbürgerlichen Auftraggeber veranschaulichen.

Das erste dieser Werke entstand bereits in der zweiten Hälfte des 14. Jahrhunderts. Es handelt sich um vier Reliefs, die einst die Rückwand des Gestühls der Nowgorodfahrer bildeten. Gewöhnlich nahmen die Meister, die Gestühle mit figürlichem Schnitzwerk verzierten, ihre Stoffe aus der Bibel oder den Legenden. Hier erblicken wir statt der Heiligen langbärtige russische Jäger in Bauernkitteln, die mit Pfeil und Bogen dem Zobel nachstellen. Erstaunlich ist, daß sich der Künstler in den russischen Jagdmethoden wie ein Fachmann auskannte – ob aus eigener Anschauung oder durch Auswertung der bis ins Detail gehenden Berichte seiner Auftraggeber, steht dahin. Er wußte zum Beispiel, daß die Jäger den Zobel durch Hunde aufspüren ließen und ihn dann durch Klopfen aus seinem Versteck trieben. Ihm war auch bekannt, daß der Zobel niemals mit einem spitzen, sondern stets mit einem stumpfen Pfeil vom Baum geschossen wurde: Unversehrte Pelze erzielten einen weit höheren Preis als Felle mit Schußlöchern. Weder die Gemeinde noch die Geistlichkeit scheinen daran Anstoß ge-

Stralsund, Gestühl der Nowgorodfahrer in der Nikolaikirche

nommen zu haben, daß das gewählte Thema für ein Gotteshaus im Grunde viel zu profan war.

Das Gestühl der Nowgorodfahrer und der um 1480 entstandene Hochaltar der Nikolaikirche sind durch mehr als ein Jahrhundert voneinander getrennt, doch trotz aller stilistischen Unterschiede herrscht hier wie dort die gleiche Stimmung. Im Mittelschrein haben die Meister die Kreuzigung Christi dargestellt, die Reliefs in den beiden Flügeln schildern die anderen Begebenheiten der Leidensgeschichte, zum Beispiel die Geißelung und die Dornenkrönung. Es gibt unzählige solcher Altäre, und gewöhnlich geht es in ihnen sehr feierlich zu. Der Opfertod Jesu, Preis für die Erlösung der sündigen Menschheit, gehörte von jeher zu den besonders wichtigen Themen der christlichen Kunst. Es war daher verständlich, daß die Schnitzer vor einer allzu drastischen Schilderung des Ereignisses zurückschreckten, selbst dann, wenn sie eine »Kreuzigung mit Gedräng« schufen, also die vielen in der Bibel enthaltenen Nebenszenen - die Ohnmacht der Maria, die Trauer des Johannes, die Bekehrung des römischen Hauptmanns, die um den Rock des Hingerichteten würfelnden Soldaten und anderes mehr - in die Darstellung einbezogen.

Diese Scheu vor dem Heiligen war den Stralsunder Meistern fremd. Sie hielten es nicht nur für erlaubt, sondern geradezu für geboten, den Ablauf der Ereignisse so zu schildern, wie es dem Wortlaut der Bibel entsprach. Es störte sie überhaupt nicht, daß die vielen Nebenszenen die Aufmerksamkeit von der Haupthandlung ablenkten. Sie wollten ganz genau darstellen, was sich damals, vor anderthalb Jahrtausenden, in Jerusalem zugetragen hatte, auch auf die Gefahr hin, daß die bunte Menschenmenge, die sich um das Kreuz drängt, der Hinrichtung Christi fast den Charakter einer Volksbelustigung gibt. Es bereitete den Meistern offensichtlich Mühe, die zahlreichen Figuren in eine gewisse Ordnung zu bringen, das Gewimmel ist manchmal nicht mehr überschaubar, doch die erstaunliche Lebensfülle des Inhalts gleicht die Mängel der Gliederung aus. Ebenmaß der Form stand im Norden nie sehr hoch im Kurs. Dafür war der Ab-

Bützow, Pfarrkirche

stand zwischen Kunst und Leben geringer als in anderen deutschen Landschaften.

An der Wende vom 15. zum 16. Jahrhundert brach das Handelssystem der Hanse Stück für Stück zusammen. Hauptursache des Niedergangs war, daß sich in jenen Gebieten, welche der hansische Kaufmann wirtschaftlich ausbeutete, Nationalstaaten gebildet hatten, deren wachsender Macht ein Städtebund auf die Dauer nicht widerstehen konnte. Es nutzte nicht viel, daß sich die Städte nach Kräften wehrten. Die Kaperkriege, die sie gegen Holländer, Dänen und Engländer führten, brachten wenig ein, und das Ende rückte mit jedem Jahrzehnt näher. 1494 schloß Zar Iwan III. das Kontor in Nowgorod. Um 1520 zog sich die Hanse aus Flandern zurück. 1533 erklärte der Schwedenkönig Gustav Wasa die Sonderrechte der Hansestädte für null und nichtig. 1560 hob Königin Elisabeth I. die Privilegien der Hanse in England auf. Es war kein jäher Sturz, der den angesammelten Reichtum mit einem Schlag vernichtete, vielmehr ein allmähliches Abwärtsgleiten in die Bedeutungslosigkeit. 1669 fand der letzte Hansetag statt. Nur noch sechs Städte nahmen an ihm teil.

Allein die Bauten erinnern uns daran, daß hier oben im Norden einst andere Gesetze galten als in den Territorien des Binnenlandes. Nirgendwo sonst im Heiligen Römischen Reich Deutscher Nation war das Bürgertum so mächtig und der Adel so ohnmächtig wie an der Südküste des Baltischen Meeres. In keiner anderen Landschaft unserer Heimat prägte sich bürgerliches Selbstbewußtsein deutlicher aus als hier. Kühl rechnende Kaufleute, die über den Tag hinaus zu planen verstanden, friedfertige Eroberer, die der Macht des Geldes mehr vertrauten als der Gewalt der Waffen, haben dieses Wunder vollbracht.

BAUDATEN UND GRUNDRISSE

BÜTZOW

Ehem. Kollegiatsstiftskirche St. Marien, gegründet 1248. Dreischiffige frühgotische Hallenkirche (im wesentlichen 2. Hälfte 13. Jh.) mit Kreuzrippengewölben, nach 1350 Erweiterung des Chors nach dem Muster des Domes zu Lübeck, Umgang mit Kapellenkranz, wuchtiger Westturm auf quadratischem Grundriß.

DOBERAN, BAD

Ehem. Zisterzienser-Klosterkirche, gegründet 1171. Dreischiffige gotische Basilika (beg. zwischen 1294 und 1299, geweiht 1368) mit Kreuzrippengewölben, zweischiffigem Querhaus und Chor mit Umgang und Kapellenkranz nach dem Muster der Marienkirche zu Lübeck, über der Vierung Dachreiter. Ungewöhnlich reiche mittelalterliche und Spätrenaissance-Ausstattung. Nördlich des Chors frühgotisches Beinhaus (um 1250).

FRIEDLAND

Anklamer Torturm. Von zwei Rundtürmen flankierter Rechteckturm mit vortorartigem Vorbau (1. Hälfte 14. Jh.).

GREIFSWALD

Pfarrkirche St. Marien. Dreischiffige gotische Hallenkirche (beg. kurz nach 1275, voll. um 1350) mit Kreuzrippengewölben und Bündelpfeilern von wechselnder Form, eingebauter quadratischer Westturm mit reicher Blendengliederung. An der Südseite spätgotische Annenkapelle (um 1400).

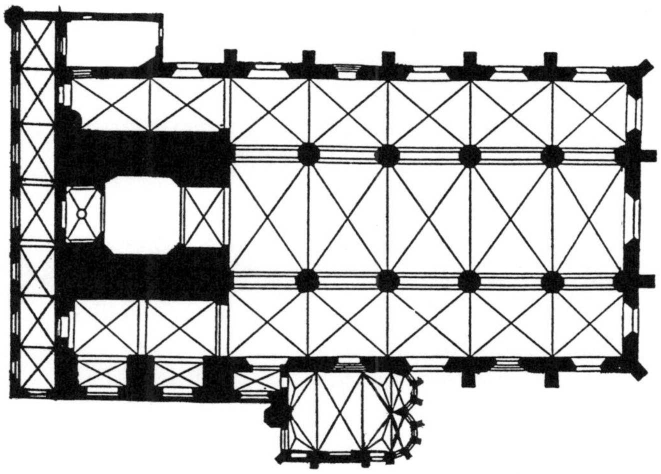

Marienkirche

Dom St. Nikolai. Dreischiffige gotische Basilika (um 1280 als Hallenkirche beg., zwischen 1380 und 1420 umgebaut) mit Kreuzrippen- und Sterngewölben, ungewöhnlich reich gegliederter Turm (99, 90 m), Haube (1653) mit doppelter Laterne und steiler Spitze.

Haus Markt 11. Spätgotisches Bürgerhaus (frühes 15. Jh.) mit siebenteiligem Staffelgiebel und reichem Maßwerk.

Ruine der Zisterzienser-Klosterkirche Eldena, gegründet 1199. Urspr. dreischiffige Basilika mit spätromanischen Ostteilen (1. Hälfte 13. Jh.) und spätgotischen Westteilen (um 1400). An der Südseite Ruine des Ostflügels der Klausur (2. Hälfte 13. Jh.).

GRIMMEN

Rathaus. Gotischer Bau (14. Jh.) auf rechteckigem Grundriß mit siebenteiligem Pfeilergiebel und barockem Dachtürmchen.

GÜSTROW

Dom St. Maria, Johannes Ev. und St. Cäcilia. Gotische Basilika (beg. kurz nach 1226, voll. um 1335) mit Querschiff und von der Mittelachse abweichendem einschiffigem Chor, nördliches Seitenschiff zur zweischiffigen Pfeilerhalle ausgebaut (um 1380/90), wuchtiger Westturm auf querrechteckigem Grundriß. Ungewöhnlich reiche spätgotische und Spätrenaissance-Ausstattung.

HOHEN VIECHELN

Dorfkirche. Dreischiffige gotische Hallenkirche (beg. um 1300) mit Kreuzrippengewölben und Rundpfeilern.

LÜBECK

Ratskirche St. Marien. Urspr. dreischiffige spätromanische Hallenkirche (vor 1200) nach westfälischem Vorbild, um 1200 Umbau zu einer spätromanischen Basilika, nach Planänderung Neubau des gotischen Ostchors (zwischen 1260 und 1280) mit Umgang und Kapellenkranz nach dem Vorbild

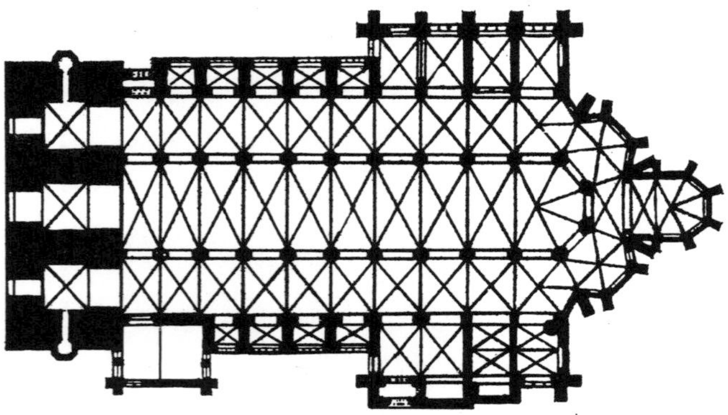

Marienkirche

nordfranzösischer und flandrischer Kathedralen, im frühen 14. Jh. gotische Neugestaltung des dreischiffigen Langhauses (voll. 1335) und der westlichen Doppelturmfront (voll. 1350/51). Die urspr. sehr reiche Ausstattung 1942 zum größten Teil vernichtet.

Heilig-Geist-Hospital. Gotisches Alters- und Siechenheim (zwischen 1276 und 1286), bestehend aus der quergelagerten Eingangshalle, die auch als Kirche diente, und dem anschließenden Langen Haus, in dem sich 145 etwa 2 × 2 m große Wohnkojen befanden; eines der ältesten deutschen Hospitäler.

Holstentor. Zweitürmige spätgotische Befestigungsanlage (1467–1478 vermutlich von Hinrich Helmstede), errichtet im Zuge einer Wallverstärkung (1475–1482) im Westen der Stadt.

NEUBRANDENBURG

Pfarrkirche St. Marien. Dreischiffige gotische Hallenkirche (geweiht 1298) auf langgestrecktem rechteckigem Grundriß, 1945 ausgebrannt, der reiche Ostgiebel mit seinem frei vor die Giebelfläche gestellten Maßwerk erhalten.

Treptower Tor. Spätgotische Befestigungsanlage (um 1400) in Form eines Doppeltores, an der Feldseite breitgelagerter Bau mit reichen Maßwerkblenden, an der Stadtseite Turm mit Staffelgiebeln.

Stargarder Tor. Spätgotisches Doppeltor (14./15. Jh.), ähnlich gegliedert wie das Treptower Tor, an der Stadtseite Torturm mit Figurenschmuck und Staffelgiebeln.

PARCHIM

Pfarrkirche St. Georg. Dreischiffige gotische Hallenkirche (beg. nach 1289, geweiht

1307) mit Kreuzrippengewölben, Hallenumgangschor und niedrigem Westturm.
Pfarrkirche St. Marien. Dreischiffige Hallenkirche des Übergangsstils (beg. um 1260, voll. nach 1300) mit Kreuzrippengewölben, Rechteckchor und Westturm, an der Nordseite zwei spätgotische Kapellen (um 1420) mit Sterngewölben.

PASEWALK

Pfarrkirche St. Marien. Dreischiffige gotische Hallenkirche (beg. vor 1350) mit Kreuzrippengewölben, polygonem Chorschluß und Westturm auf querrechteckigem Grundriß, an der Nordseite achteckige spätgotische Kapelle (frühes 15. Jh.) mit Sterngewölbe.

ROSTOCK

Hauptpfarrkirche St. Marien. Urspr. spätromanische Hallenkirche (beg. kurz nach 1230) nach westfälischem Vorbild, gotischer Um- und Neubau (beg. um 1290) nach dem Vorbild der Marienkirche zu Lübeck, 1398 Einsturz des noch nicht vollendeten Baus, Wiederaufbau nach verändertem Plan (voll. um 1452) als dreischiffige Basilika mit mächtigem Querschiff und Chor mit Umgang und Kapellenkranz, niedriger Turm auf querrechteckigem Grundriß. Reiche mittelalterliche, Spätrenaissance- und Barock-Ausstattung.
Kerkhofhaus. Spätgotisches Bürgerhaus (1. Hälfte 16. Jh.) mit siebenteiligem Staffelgiebel und Terrakottenschmuck.

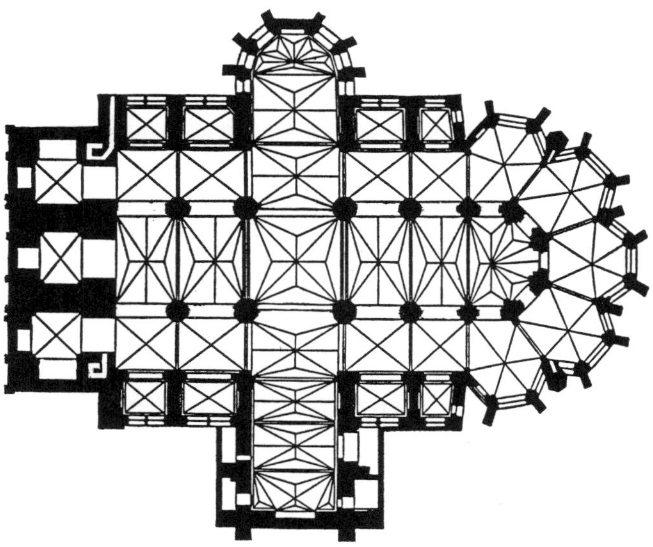

Marienkirche

SCHWERIN

Dom St. Marien und Johannes Ev., gegründet 1167. Dreischiffige gotische Basilika (beg. vor 1270, voll. wohl 1374) mit Kreuzrippen- und Sterngewölben, dreischiffigem Querhaus sowie Chor mit Umgang und Kapellenkranz nach dem Vorbild der Marienkirche zu Lübeck, neugotischer Westturm (1888–1892). An der Nordseite spätgotischer Kreuzgang (voll. nach 1400).

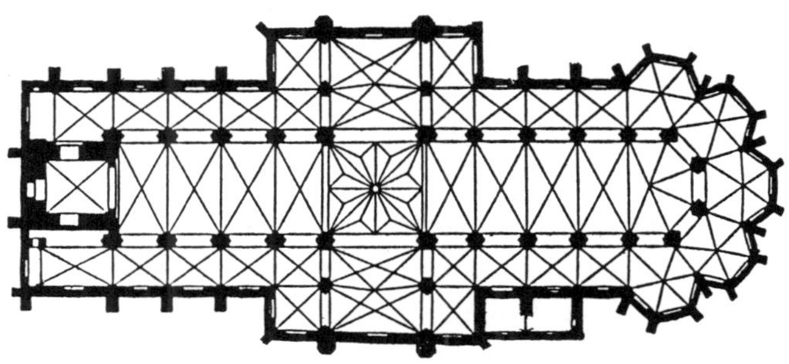

Dom

STRALSUND

Pfarrkirche St. Nikolai. Dreischiffige gotische Basilika (beg. um 1270, voll. um 1350), Chor mit Umgang und Kapellenkranz nach dem Vorbild der Marienkirche zu Lübeck, nach Einsturz des Westturms (1366) Neubau als zweitürmige Anlage (2. Hälfte

Backsteingotik zwischen Lübeck und Wolgast
Bad Doberan
Rostock
LÜBECK
Wismar
Hohenviecheln
Bützow
Güstr
Warnow
SCHWERIN
Parchim
Ludwigslust
Elde
ELBE
Toenniges 94

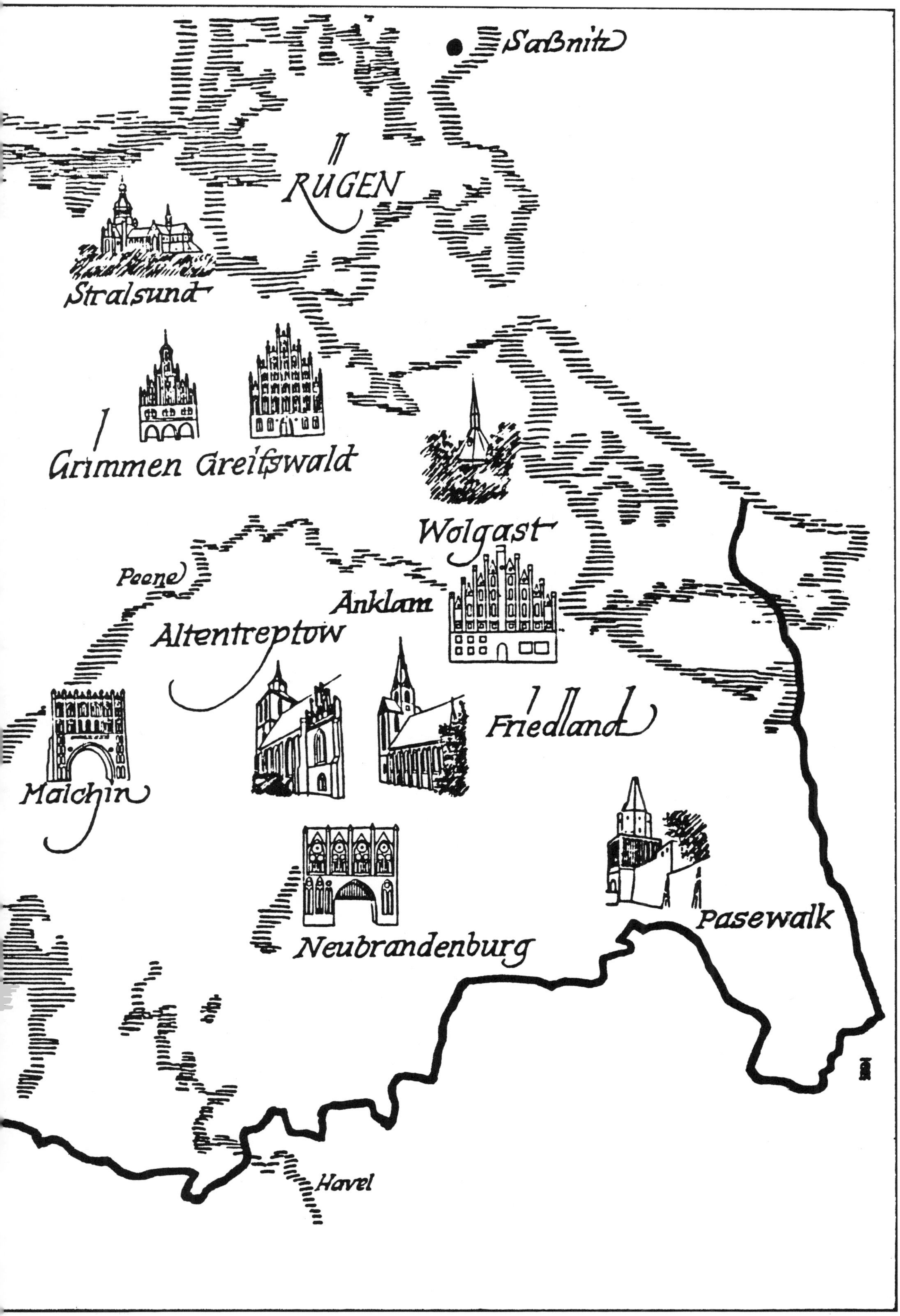
Saßnitz
RÜGEN
Stralsund
Grimmen
Greifswald
Wolgast
Peene
Anklam
Altentreptow
Friedland
Malchin
Pasewalk
Neubrandenburg
Havel

ORTSREGISTER

Die kursiv gesetzten Ziffern beziehen sich auf die Farbabbildungen.